OUVINDO AS
"SCENAS INFANTIS"
DE SCHUMANN

———————————

EDUARDO
GUIMARAENS

———————————

Libretos

Porto Alegre, 2020

Exemplar Unico:

Eduardo Guimaraens.

Para a ETELVINA.

OUVINDO AS
"SCENAS INFANTIS"
DE SCHUMANN

SCENAS:
----

1) "Des pays mystérieux".

2) "Rêverie".

3) "Le Poète parle".

A toi qui veux de mon amour et sais mon âme.
                    HENRI DE REGNIER

I

"DES PAYS MYSTERIEUX"

1)

"DES PAYS MYSTERIEUX"

Oh Peregrino!
Oh Peregrino que, a sorrir, vieste
de longe, dos paizes do além-sonho,
das ilhas que, de uma em uma,
surgem e fogem pela bruma
(sobre que mar tristonho?
sob que ceu divino?),
oh Peregrino
que vens de alguma região distante
onde as rosas se enlaçam ao cypreste,
ouve-me, extranho Viajante!
Ouve-me, e fala!

Que me trouxeste?

- "Trouxe-te o que quizera
que te trouxesse o teu Desejo.
Ouve-me,e cala!

Trouxe-te a Primavera.
Trouxe-te um lirio do Paraiso.
Trouxe-te o echo sagrado de um harpejo
da voz de Santa Cecilia.
Trouxe-te o doce e virginal sorriso
que jamais alegrou um labio humano.
Trouxe-te o balsamo de encanto
d'um gesto de anjo,com suave pena,
que a febre triste da vigilia
d'um amargor,d'um desengano,
mystico e pallido,serena.
Trouxe-te aquelle olhar que,ás vezes,vela o pranto,
mas que exalta a luz secreta,
sempre,de um magico esplendor.
Trouxe-te,emfim,a Chimera
de que a tua alma estava a espera,
oh Belleza,oh Bondade!
Toda a Felicidade,
Poeta!
-Trouxe-te o Seu amor."

II

"RÊVERIE"

2)
"RÊVERIE"

Que é por um doce anoitecer de outomno,
e triste,sonho. Pensativamente,
sinto-te ao pé de mim. N'esse abandono,
ah,como o teu olhar é doce e lindo,
Querida! E vago como um ceu de outomno
que anoitecesse! Olho-te longamente.

Nada,ao redor de nós,agora,existe,
Querida! E vago,como um ceu de outomno
que anoitecesse,ao teu olhar sorrindo,
sonha o meu coração serenamente.
Vejo-te ao pé de mim. N'esse abandono,
ah,como o teu olhar é doce e triste!

Sonha o meu coração serenamente.
Vamos os dois por um jardim fechado.

E,junto a nós,a sombra azul caminha.
Que linda estás,ao subitaneo anceio
que faz mais alto o rythmo do teu seio!
Oh mystica figura de Rainha!

Coroa de ouro,a cabelleira escura
aureóla-te a cabeça. E,lado a lado,
vamos os dois por um jardim fechado.
(Se as tuas mãos o abriram lentamente!)
Vamos os dois sonhando,lado a lado.
Sinto que vaes falar-me,de repente.

E a tua voz,então,é como um canto,
como um vago murmurio apaixonado.
Ouve-a o meu coração: -"Quero-te tanto!
Sou eu a Desejada e a Promettida.
Sei que por mim soffreste. E eis o meu pranto!
Faze da minha vida a tua vida!"

Nada,ao redor de nós,agora,existe,
Querida! Ou,vago como um ceu de outomno,
sómente existe um esplendor tristonho,
um silencio de lagrimas sorrindo.

Vejo-te ao pé de mim. N'esse abandono,
ah, como o teu olhar é doce e lindo!

Nós sonharemos sempre o mesmo sonho.

III

"LE POÈTE PARLE"

3)

"LE POÈTE PARLE"
_____

No silencio da sala,
que a noite faz mais intimo e suave,
fanam-se os lirios. Dos vitraes, escuro,
fulge o ceu através, amplo, estrellado e grave.
Sinto-te pallida, inquieta.
Um aroma de lagrimas se exhala,
como o de um lirio dolente,
(perdôa-me!) de uma ultima tristeza.
E, sob o encanto ingenuo e puro
do ultimo accorde, inclinas docemente
a fronte, como a alguma voz secreta.
Cerras, então, os olhos. E o Poeta
fala:

- "Não tarda que Setembro, agonisante,

seja levado

para o sol-posto.

Como entre flores foi amortalhado

Agosto

e ha de Outubro expirar e, após, Novembro,

a um som de sinos dolorido,

allucinante, soluçante:

- sob um perfume inebriante

e forte,

assim verás passar o sequito florido

que ha de levar para a morte

Setembro.

Já florem as glycinias, Adorada!

Pelos jardins ha como um ar de festa.

E a Primavera, engrinaldada,

chegou ha pouco da floresta.

Sorri. Vestiu-se de rosa e de hera.

Olha-a! Parece-se comtigo.

Tem o cabello assim castanho,

mas com reflexos de ouro vivo.

E o mesmo olhar suave e extranho,

de uma infinita e virginal doçura.

Todo esse encanto do perfil antigo

que Botticelli invejaria
para a sua divina Allegoria,
oh minha amada Primavera
que empallideces a ideal figura
do Primitivo!

Já florem as glycinias. Cada grade
de jardim, por menos lindo,
já toda azul, de um claro azul, florindo,
annuncia o esplendor de uma felicidade.
É cada casa um ninho,
oh Primavera! Pallido, cansado,
some-se o ultimo engano do Passado,
sem se voltar, ao fundo do caminho
que illumina o sol ardente.

Mas, quando
as glycinias florirem novamente;
quando, outra vez, voltar a Primavera
que o seio cobre de rosa e de hera
— a hora que passa e a Eternidade —;
quando o amor, outra vez, andar por tudo abrindo
em flor, Querida,
ha de encontrar-nos outra vez a Vida
separados e tristes como agora?

Ou, sonhando
juntos, a olhar os dois, de um canto que supponho
ser sempre o mesmo alegre e claro,
a alegria do azul que anda lá fora?

Sorrindo,
quando voltar a Primavera,
veremos juntos, sob a lua
ou sob o sol, as flores se entreabrirem?

E, toda azul, a grade
que ha de o jardim fechar annunciando o sonho
alegre e claro,
que ha de encerrar a tua
e a minha Felicidade,
quando as glycinias outra vez florirem?

19,
27 de Setembro
de 1917.

SOBRE A OBRA
Maria Etelvina Guimaraens

_____

Eduardo Guimaraens nasceu em Porto Alegre (30/3/1892) e faleceu no Rio de Janeiro (13/12/1928). Poeta, jornalista, tradutor, cronista; publicou em jornais como A Federação, Correio do Povo e em revistas como A Máscara (RS) e Fon-fon! (RJ). Sua poesia atravessou o oceano e foi publicada, em 1915, na revista Orpheu, de Fernando Pessoa (Lisboa). Primeiro tradutor brasileiro para a obra de Dante, traduziu, também, a poesia de Baudelaire, Tagore, Verlaine, D'Anunzio. Foi dele a voz da primeira emissão radiofônica do Rio Grande do Sul em 07/9/1924. Foi diretor da Biblioteca Pública de 1922 a 1928.

Esta plaquete reproduz em fac-símile o exemplar único que Eduardo compôs e dedicou à Etelvina em 1917: poemas para serem lidos Ouvindo as "Scenas Infantis" de Schumann. A música permeou a sua vida e obra e, especulo, os movimentos dessa peça romântica inspiravam o amor do poeta e sua musa.

O desenho na capa é de Correia Dias, que o criara em 1916, como descreve o próprio Eduardo em carta à Etelvina publicada em Dispersos (p.15):

(...)

Mando-lhe, com esta, uma prova, a primeira, da vinheta de ex libris para a <u>Divina Chimera</u> que Correia Dias desenhou. São duas mãos aflorando um lírio (um lírio ou uma alma). Ou, então, apenas três lírios que se confundem... Dizem que o lírio é a alma de um poeta em exílio. E as mãos, as lindas mãos de uma certa criatura.

(...)

O exemplar original integra o acervo de Eduardo e, como tal, permaneceu único e inédito. Os poemas, porém, foram publicados por Mansueto Bernardi em <u>A Divina Quimera</u>, edição definitiva (1944, fls. 359 a 363).

PRINCIPAIS OBRAS
DE EDUARDO GUIMARAENS

_____

1908 - <u>Caminho da Vida</u> (poesia)

1912 - <u>Arabella e Athanael</u> (romance)

1916 - <u>Divina Chimera</u> (poesia)

1920 - <u>Canto Quinto do Inferno</u>, da <u>Divina Comédia</u>, de Dante (tradução)

1925 — <u>Poemas Escolhidos e Adaptados de Rabindranath Tagore</u> (tradução)

Obras póstumas

1929 — 2ª edição do <u>Canto Quinto</u> (tradução)

1944- <u>A Divina Quimera</u> (poesia)

1978 — <u>Divina Quimera</u> (poesia)

2002 - <u>Dispersos</u> (poesia)

2018 - <u>Poemas</u> (poemas originais em francês, 1923)

2019 — <u>As Flores do Mal, de Baudelaire, Selecção de Poemas</u> (tradução, 1917/1927)

@ Família Guimaraens, poemas, 2020
Direitos desta edição pertencem à editora Libretos.

Edição e digitalização
Maria Etelvina Guimaraens

Editoração e finalização
Clô Barcellos

Revisão
Caroline Heck

Esta obra segue Acordo Ortográfico da Língua Portuguesa (1990).
Em fac-símile, reproduz a grafia de 1917.

Dados Internacionais de Catalogação na Publicação
Daiane Schramm - CRB-10/1881

G943o	Guimaraens, Eduardo (1892-1928)
	Ouvindo as "Scenas Infantis" de Schumann (fac-símile). / Eduardo Guimaraens. — Porto Alegre: Libretos, 2020.
	32p.; 20cm x 26,5cm
	ISBN 978-65-86264-23-4
	1. Literatura. 2. Poemas. 3. Fac-símile. I. Título.
	CDD 869

Composto em Courier, impresso sobre papel off white 90 gramas, na gráfica Pallotti de Santa Maria/RS, em outubro de 2020.

Libretos
www.libretos.com.br
libretos@libretos.com.br
Facebook e Instagram: @libretoseditora
Whats: (51)993554456
Youtube: Libretos100
Rua Peri Machado, 222 bloco B 707
Porto Alegre — RS/Brasil
CEP 90130-130